Jens Bertenbreiter

Webmanagement am Beispiel des Prodacta Intranet

I0013184

Bibliografische Information der Deutschen Nationalbibliothek:

Bibliografische Information der Deutschen Nationalbibliothek: Die Deutsche
Bibliothek verzeichnet diese Publikation in der Deutschen Nationalbibliografie;
detaillierte bibliografische Daten sind im Internet über http://dnb.d-nb.de/ abrufbar.

Copyright © 1999 Diplomica Verlag GmbH
Druck und Bindung: Books on Demand GmbH, Norderstedt Germany
ISBN: 9783838661070

http://www.diplom.de/e-book/221570/webmanagement-am-beispiel-des-prodacta-
intranet

Jens Bertenbreiter

Webmanagement am Beispiel des Prodacta Intranet

Diplom.de

Jens Bertenbreiter

Webmanagement am Beispiel des Prodacta Intranet

Studienarbeit
an der Universität Fridericiana Karlsruhe (TH)
Fachbereich Wirtschaftsingenieurwesen
Institut für Angewandte Informatik
3 Monate Bearbeitungsdauer
November 1999 Abgabe

Diplom.de

Diplomica GmbH
Hermannstal 119k
22119 Hamburg

Fon: 040 / 655 99 20
Fax: 040 / 655 99 222

agentur@diplom.de
www.diplom.de

ID 6107

ID 6107
Bertenbreiter, Jens: Webmanagement am Beispiel des Prodacta Intranet
Hamburg: Diplomica GmbH, 2002
Zugl.: Karlsruhe, Technische Universität, Studienarbeit, 1999

Diplomica GmbH
http://www.diplom.de, Hamburg 2002
Printed in Germany

Einleitung

Wie kann man ein bestehendes oder ein neues Web mit möglichst wenig Aufwand und trotzdem effizient pflegen?

Geringer Pflegeaufwand und hohe Aktualität und Funktionalität stehen leider im Gegensatz zueinander. Jede Firma oder Institution, die im World Wide Web auftritt, kennt dieses Dilemma und muss sich mit ihm auseinandersetzen.

In dieser Arbeit geht es darum, die verschiedenen Möglichkeiten des Webmanagements und die verschiedenen dazu notwendigen Techniken zu analysieren und zu beschreiben.

Eine dieser Möglichkeiten, der Einsatz eines kommerziellen Programms, wird am Beispiel des Prodacta Intranet umgesetzt, ausführlich beschrieben und mit möglichen Alternativen verglichen.

Im ersten Kapitel werden zuerst die Begriffe rund um das World Wide Web erklärt, anschließend werden die verschiedenen Gründe, die Webmanagement nötig machen, erläutert.

Kapitel zwei beschäftigt sich mit den unterschiedlichen Webtechnologien. Außerdem werden darin einige der gängigen HTML Editoren vorgestellt.

Die ersten Ansätze und Möglichkeiten, wie Webmanagement zu realisieren ist, werden in Kapitel drei behandelt.

Kapitel vier geht konkret auf den speziellen Fall des Prodacta Intranet ein. Zu diesem Zweck wird eine Ist-Analyse des bestehenden Intranet gemacht. Auf der Basis dieser Analyse wird das Konzept entwickelt, welches schließlich umgesetzt wird.

1 Warum Webmanagement immer notwendiger wird

1.1 Begriffserläuterungen

- **Internet**

  Wer heutzutage von **Internet** spricht, meint in Wirklichkeit das World Wide
  Web. Das **Internet** ist jedoch ein Sammelbegriff für eine ganze Reihe von
  Diensten. Der Wohl am häufigsten genutzte Internetdienst dürfte ohne Zweifel
  E-Mail sein, das Versenden und Empfangen elektronischer Post. Daneben gibt
  es das weltweite Informationsnetz, das World Wide Web, kurz WWW genannt.
  Das **Internet** bietet noch eine ganze Reihe weiterer Dienste, wie z.b. Chat,
  Newsgroups, Gopher uvm., die aber für diese Arbeit nicht weiter von
  Bedeutung sind und deshalb hier nicht weiter beschrieben werden.

- **Intranet**

  Unter einem **Intranet** versteht man ein Netzwerk innerhalb einer Firma oder
  Organisation, welches die Techniken und Standards des Internet verwendet.
  Es ist in gewisser Weise ein **firmeninternes Internet**.

- **Extranet**

  Das **Extranet** ist der Teil des Intranet, auf das, im Gegensatz zum eigentlichen
  Intranet, auch autorisierte Außenstehende Zugriff haben.

1.2 Die Vorteile eines Intranet, eines Internetauftrittes

Internet	Intranet
Weltweite Präsenz	Erreichbar in allen Filialen
Kostengünstig	Kostengünstig
Einsparungen in den Bereichen Vertrieb und Verwaltung	Einsparungen bei Druck, Verteilung und Verwaltung
Dynamisierung des Handels	Interne Kommunikation
Besserer Service	Prozessunterstützung
Neue Märkte erschließen	Teamarbeit
Marktanteile erhöhen	Rationalisierung
Kundenbindung	Wissens-Datenbanken

Tabelle 1: Vorteile von Internet und Intranet

- **Internet**

  Microsoft [MiiM99] ist der Meinung, dass das **Internet** nachhaltig die Art und Weise beeinflusst, in der Unternehmen mit ihren Kunden und Partnern kommunizieren. Eine starke **Internet-Präsenz** versetzt Firmen in die Lage, ihre Kunden auf neue und innovative Wege zu erreichen und ihre Botschaft kosteneffizient zu vermitteln. Der Wandel ihrer **Internet-Präsenz** in ein **Internet-Unternehmen**, über das sie Umsatz generieren können, bietet die Möglichkeit, einen kostengünstigen Kanal für Geschäftstransaktionen im globalen Markt zu schaffen. Wie kein anderes Medium hat deshalb das **Internet** in kürzester Zeit seinen Siegeszug um die Welt angetreten und ist aus vielen Geschäftsbereichen nicht mehr wegzudenken.

  Während bis vor einigen Jahren eine Präsenz im **World Wide Web** hauptsächlich großen Firmen und wissenschaftlichen Einrichtungen vorbehalten war, entdecken momentan immer mehr kleinere und mittelständische Unternehmen, sowie Privatpersonen, die neuen Möglichkeiten die ihnen ein **Internetauftritt** bieten kann.

  Für viele Firmen ist ein **Internetauftritt** gleichzusetzen mit einer Prestigepräsentation. Schwächen im **Internetauftritt** würden einen enormen Imageverlust darstellen, den es unbedingt zu vermeiden gilt. Andere Firmen wickeln heute bereits Geschäfte über das **Internet** ab. Für solche Unternehmen ist eine gelungene Webseite bares Geld.

- **Intranet**

  Laut Microsoft [MkiM1999] bietet ein **Intranet** einem Unternehmen die Möglichkeit, seinen Mitarbeitern und autorisierten Partnern detaillierte und einfach zu aktualisierende Informationen zur Verfügung zu stellen. Die Mitarbeiter suchen im **Intranet** gezielt nach Produktinformationen und Querverweisen zu geplanten Veranstaltungen wann und wo sie diese brauchen. Redundanz wird dadurch reduziert, Verwaltungskosten eingespart sowie die Kommunikation vereinheitlicht und stets aktuell gehalten. Allein durch Einsparungen im Bereich Druck und Verteilung von Informationen amortisiert sich die Investition in intern genutzte Webtechnologie oft schon nach kürzester Zeit.

  Das Ziel eines **Intranet** ist es, mehr Informationen für mehr Benutzer zuverlässig, sicher und preiswert verfügbar zu machen, Kommunikation und

Informationsaustausch stehen also, ebenso wie im Internet, im Mittelpunkt. Mit **Intranet-Funktionalität** kann sich jedes Unternehmen eine neue, effektive Möglichkeit für den Zugriff, die Bearbeitung und Weitergabe von Daten eröffnen. Experten sagen deshalb einen **Intranet-Markt** voraus, der eine größere wirtschaftliche Bedeutung haben wird, als das eigentliche Internet. **Intranet** haben jedoch schon heute einen gewaltigen Einfluss auf die Unternehmens-DV und werden auch schon mittelfristig ein wesentliches Element einer Gesamtstrategie für die Informationstechnologie - insbesondere in mittleren und großen Unternehmen - sein, ja geradezu der Schlüssel für erfolgreiche Unternehmenskommunikation. Die richtige **Intranet-Strategie** ist somit wesentlich für den Erfolg eines Unternehmens.

Ein **Intranet** ist eigentlich kein einzelnes Produkt, sondern ein Satz von offenen, allgemein akzeptierten Standards, der in Anwendungen umgesetzt wird. Das kann theoretisch jeder, doch in der Praxis gibt es kaum umfassende Lösungen. Darüber hinaus gibt es in der Regel in Unternehmen eine bestehende DV-Landschaft, die zu berücksichtigen ist: Ein **Intranet** muss sich in diese bestehenden Umgebungen integrieren lassen. Auch übernimmt ein Intranet in der Regel geschäftskritische Funktionen, die **Intranet-Lösung** muss also sehr zuverlässig arbeiten, wenn sie diese tragende Rolle im unternehmensinternen Informationsmanagement und -austausch übernehmen soll. Doch auch wenn alle Standards erfüllt werden, gibt es noch viele Bereiche, in denen eine **Intranet-Lösung** verbessert werden kann, zum Beispiel durch Volltext-Indizierung von Informationen und Suchmaschinen, um Informationen einfach und komfortabel zu finden und darauf zugreifen zu können. Auch an die Zukunft muss gedacht werden, die Lösung muss mitwachsen können, also skalierbar sein, und dafür schon von vornherein alle notwendigen Voraussetzungen mitbringen wie Multiprozessor-Unterstützung, verteilte Server und gemeinsame Administration mehrerer Server.

Viele Unternehmen sind dazu übergegangen, ihre Applikationen auf der Basis von Webtechniken zu realisieren und über das **Intranet** zu verteilen. Dies bietet gegenüber der herkömmlichen Art der Softwareverteilung mittels Setup Dateien einige Vorteile. Neue Versionen sind sofort für alle Benutzer verfügbar, ohne das man auf eventuelle Probleme möglicher fehlerhafter Installationen seitens der Benutzer eingehen muss.

1.3 Webmanagement wird immer mehr zum Thema

1.3.1 Die Informationsflut wird größer

Es ist offensichtlich, dass Internet und vor allem Intranets immer beliebter werden. Mit jedem Tag werden mehr und mehr Informationen durch Webtechnologien verbreitet.

Da aber eine große Menge der Informationen nur kurze Zeit aktuell sind, müssen die im Internet oder Intranet befindlichen Dokumente ständig erneuert werden. Mit der Größe eines Webs steigt aber auch dessen Pflegeaufwand. Das Web wird unüberschaubar und es ist schwer die Inhalte aktuell zu halten.

Der Vorteil der Webtechnologie, Dokumente nur einmal abzulegen und per Hyperlinks darauf zuzugreifen, erweist sich hier als Falle. Wird ein HTML Dokument gelöscht, verschoben oder umbenannt, muss man alle Seiten, die mit einem Hyperlink auf dieses Dokument verweisen, anpassen, um tote Hyperlinks zu vermeiden. Auch möglich ist, dass einige Seiten gar nicht mehr erreicht werden können. Dem Webmaster bleibt meistens nichts anderes übrig, als alle Seiten durchzuklicken und zu prüfen, ob alle Seiten korrekt angezeigt werden und alle Hyperlinks korrekt sind.

Hier bilden sich sehr schnell große Datengräber, die unter Umständen eine Menge wertvollen Speicherplatz auf dem Webserver belegen. Solche überflüssige, nicht mehr benötigte Dateien zu finden und zu löschen, nimmt viel wertvolle Arbeitszeit in Anspruch.

Einige der Web Entwicklungstools, die auf dem Markt erhältlich sind, bieten die Möglichkeit Verknüpfungen und Hierarchien zwischen den einzelnen Webseiten grafisch darzustellen. Doch dies löst das Problem nicht einmal Ansatzweise. Es werden zwar die Seiten und Ihre Beziehungen zueinander angezeigt, nicht jedoch die Pfade, wo die jeweiligen Seiten zu finden sind. Außerdem befinden sich in größeren Webs dermaßen viele Querverknüpfungen, dass klare Abgrenzungen nicht möglich sind.

1.3.2 Die Ansprüche an das Design nehmen zu

Des Weiteren werden die Ansprüche der User an das Design und Layout der im Internet oder Intranet präsentierten Informationen immer größer. Trockene, statische Informationspräsentation wird heutzutage nicht mehr angenommen. Die

Benutzer möchten die Informationen mit Bildern und Bewegungen schön aufbereitet haben. Da werden Hyperlinks als bunte Buttons dargestellt, Logos und Bilder werden eingesetzt um die Webseiten aufzupeppen. Sehr schnell enthält eine solche Seite 10 oder mehr Bilder. Diese müssen natürlich im Web abgelegt und mit der Webseite verknüpft werden. Bei solchen Mengen noch die Übersicht zu behalten wird fast unmöglich. Daneben werden heutzutage vermehrt Skriptcodes in die HTML Seiten eingebunden, um Bewegung auf die Seiten zu bringen. Aber Laufschriften, Popup Menüs und Navigationsbäumchen vergrößern nur die Unordnung im Web. Hatte der Webmaster bisher nur Links zwischen den HTML Dokumenten zu kontrollieren, existieren nun auch Hyperlinks innerhalb der Dokumente. Auch diese Verknüpfungen müssen gepflegt, kontrolliert und aktualisiert werden. Das bedeutet in den meisten Fällen, dass für jedes Dokument mindestens zwei Verknüpfungen aktualisiert werden müssen, d.h. der Aufwand hat sich verdoppelt.

Aber auch die Layout und Design Anforderungen an sich stellen die Verantwortlichen von Internet und Intranet vor weitere Probleme. Es wird verlangt, dass das Web ein einheitliches Layout erhält, d.h. alle Seiten sollen identisch formatiert sein, mit denselben Überschriften in gleichen Schriftgrößen. Somit müssen alle Dokumente diesem Layout angepasst werden, was in den meisten Fällen bedeutet, jedes einzelne HTML Dokument „von Hand" zu bearbeiten und zu formatieren. Besonders bei sich regelmäßig ändernden Dokumenten entsteht ein sehr umfangreicher und zeitraubender Bearbeitungsaufwand, der im wesentlichen nur aus Formatierungen, wie Farben und Schriftgrößen ändern, besteht. Darüber hinaus ist es schwierig, alle Seiten genau gleich zu gestalten, wenn man diese Formatierungen manuell machen muss.

Sollte nun aber das Layout des Internet oder Intranet geändert werden, ist der Webmaster gezwungen alle HTML Dokumente erneut durchzugehen und zu bearbeiten, was mit dem entsprechenden Zeitaufwand und somit mit hohen Kosten verbunden ist. Diese Kosten entstehen bei jeder Änderung des Designs. Viele Firmen scheuen es aus diesem Grund, ihren Webauftritt zu ändern und anders zu gestalten.

1.3.3 Arbeitszeit kostet Geld

Die meisten, vor allem größeren Webs werden nicht von einer Person allein, sondern von einer ganzen Gruppe von Entwicklern und Administratoren gepflegt und bearbeitet.

All diese Personen müssen sich abstimmen, damit die Arbeiten nicht doppelt und dreifach gemacht werden oder ganz untergehen und vergessen werden. Einem HTML Dokument sieht man aber nicht ohne weiteres an, ob es sich um die aktuelle Version handelt oder nicht. Man muss sich das Dokument in einem Browser ansehen oder es unter Umständen sogar durchlesen und kann über die Aktualität trotzdem keine Klarheit gewinnen. Erschwerend hinzu kommt, dass der Webmaster über die Inhalte der Dokumente in der Regel nicht Bescheid weiß.

In den meisten Fällen können sich die Webadministratoren absprechen, da sie sich wahrscheinlich einen Schreibtisch teilen. Was ist aber, wenn sich die verschiedenen Administratoren in einer Woche einmal nicht sehen? Oder wenn sie gar an unterschiedlichen Standorten tätig sind?

Das Bearbeiten dieser Dokumente und ganz besonders all die kleinen Pannen kosten die Webmaster ungeheuer viel Zeit, die ihnen die Firma bezahlt, d.h. all dies kostet eine Firma bares Geld.

FileNet führt auf ihrer Webseite mit der Produktbeschreibung des Panagon Web Publisher [IPbPWP] ein Rechenbeispiel an: „Ein typischer Webmaster kostet im Schnitt 65 $ pro Stunde. Es dauert normalerweise eine Stunde ein HTML Dokument zu erstellen, zu verlinken und zu veröffentlichen. Bei einer Menge von 300 Dokumenten pro Monat kostet dies die Firma 19500 $."

Angenommen der Firma gelingt es den Zeitaufwand für das Veröffentlichen der Dokumente auf die Hälfte zu reduzieren, würde sie pro Monat fast 10000 $ sparen.

Aus diesem Grund haben sehr viele Firmen die Pflege Ihres Internet und Intranet an sogenannte Multimediafirmen vergeben. Diese haben sich auf Web Entwicklung und Administration spezialisiert. Damit sparen die Firmen gegenüber einem eigenen Webmaster eine Menge Geld, und sie schieben die Verantwortung an einen Dritten ab. Aber durch die Zuhilfenahme einer Firma verlängern sich die Laufwege der Dokumente, und die Reaktionszeiten werden größer, was bedeutet, dass es länger dauert, bis die Dokumente im Netz stehen. Außerdem ist die Vergabe solcher Dienstleistungen immer mit Risiken verbunden.

In fast allen Firmen und Institutionen sind der Autor der im Web zu veröffentlichenden Dokumente und der Web Administrator, welcher die Dokumente letztlich im Web veröffentlicht, verschiedene Personen. Hinzu kommt, dass die Autoren in den meisten Fällen keinerlei HTML Kenntnisse besitzen. Normalerweise sind dies Mitarbeiter vom Marketing oder Führungskräfte, die sich verständlicherweise nicht mit HTML auseinandersetzen möchten. Sie erstellen Ihre Dokumente wie gewohnt mit Word, Excel oder ähnlichen Office Programmen und reichen diese an den Webmaster weiter, damit er sie ins Internet oder Intranet stellen kann. Die aktuell gebräuchlichen Office Programme bieten zwar alle eine HTML Konvertierungsfunktion, aber diese lässt sich allenfalls für das Übersetzen von ein paar Zeilen einfachem Text verwenden. Bei komplizierteren Dokumenten, wie etwa Text mit Bildern oder Text mit Tabellen, versagen die HTML Konvertierungsfunktionen. Dem Webmaster bleibt also in den meisten Fällen nichts anderes übrig, als das Dokument noch einmal, diesmal in HTML, zu erstellen. Die Firmen müssen also den Großteil ihrer Dokumente zweimal erstellen, was natürlich doppelt Zeit und somit doppelt Geld kostet.

1.3.4 Netscape contra Microsoft

Eine weitere Hürde ist die Diskrepanz der beiden am meisten verbreiteten Browser, dem Netscape Navigator und dem Microsoft Internet Explorer. Die Unterschiede der beiden Programme sind an manchen Stellen so gravierend, dass den Web Entwicklern als letzte Möglichkeit oftmals nur die Erstellung von zwei Dokumenten bleibt, eines für den Navigator und eines für den Internet Explorer. Besonders die Interpretationen von Style Sheets und JavaScript Funktionen der beiden Browser weichen sehr stark voneinander ab.

Um ein selbstdefiniertes Objekt im Netscape Navigator anzusprechen ist die folgende JavaScript Zeile nötig:

```
document.layers["Name"]
```

Im Internet Explorer von Microsoft lautet derselbe Aufruf

```
document.all["Name"]
```

1.4 Zusammenfassung

Nun ist offensichtlich, dass **Webmanagement** kein Thema ist, das auf die leichte Schulter genommen werden kann. Während in der Produktion rationalisiert und automatisiert wird, wird die Webverwaltung "noch per Hand gemacht". Doch auch hier bieten sich Möglichkeiten zur effektiveren Arbeitsgestaltung.

Der Traum vom perfekten **Webmanagement** ist ein System, in welchem die Informationen direkt, ohne zutun des Webmasters ins Web gelangen. Da eine solche Vorstellung etwas übertrieben ist, wäre es bereits zufriedenstellend, wenn die Veröffentlichung sich dauernd ändernder Dokumente automatisierbar wäre. Es bleibt also festzuhalten: Eine gute **Webmanagement** Lösung sollte möglichst viele, vor allem aber immer wiederkehrende Vorgänge automatisiert haben, um den Webmaster zu entlasten.

Um dies zu erreichen, stehen einem die verschiedensten Techniken und Entwicklungswerkzeuge zur Verfügung. Bevor also konkret auf die einzelnen Möglichkeiten **Webmanagement** umzusetzen eingegangen werden kann, soll das nächste Kapitel einen Überblick über die verschiedenen Webtechniken (Kapitel 2.1: Die verschiedenen Webtechnologien) geben, sowie einige HTML Entwicklungswerkzeuge (Kapitel 2.2: Web Entwicklungswerkzeuge) beschreiben.

2 Webtechnologien und Hilfsmittel zur Web Entwicklung

2.1 Die verschiedenen Webtechnologien

Seit der Geburt des Internet hat sich neben dem Internet selbst auch dessen Sprache weiterentwickelt. Wurde vor einigen Jahren noch reiner Text auf den Internetseiten dargestellt, so können heute mittels Programmiersprachen umfangreiche und komplexe Anwendungen erstellt und eingesetzt werden. Besonders sogenannte Online Shops, auch eCommerce genannt, werden im World Wide Web immer verbreiteter.

2.1.1 Die Hypertext Markup Language (HTML)

Die **Hypertext Markup Language** ist nach William J. Pardi [WjP99] die Basis des World Wide Web. Es bietet einen standardisierten Weg zur Erzeugung von Seiten mit formatierten Informationen, die einem immer weiter anwachsenden, weltweiten Publikum über das Internet zur Verfügung gestellt werden können. **HTML** hat spürbar die Art und Weise verändert, auf die die Leute Informationen senden und empfangen.

Die **Hypertext Markup Language** wurde von Tim Berner-Lee am Kernforschungszentrum CERN in Genf entwickelt. **HTML** basiert komplett auf SGML. Dadurch wird dem Computer der allgemeine Aufbau einer Webseite mitgeteilt. Es werden sogenannte Tags verwendet, um die Struktur eines Dokumentes zu bestimmen.

Ein **HTML** Dokument enthält immer zwei Arten von Informationen:

- Den Inhalt, der aus Texten und Verweisen auf zu ladende Dateien wie z.B. Grafiken, besteht.

- Formatierungshinweise und sonstige Markierungen, wie Verknüpfungen zu anderen Dokumenten. Diese werden Tags genannt und sind so etwas wie die Programmierbefehle von **HTML**.

HTML ist sehr einfach zu erlernen, was mit Sicherheit zur rasanten Verbreitung des World Wide Web beigetragen hat. Eigentlich beschreibt die **Hypertext Markup Language** nur die Struktur der Webseite, nicht die Formatierung.

Heutzutage wird **HTML** hauptsächlich dafür benutzt, das Layout einer Seite zu bestimmen. Tabellen z.b. werden oft missbraucht, um Bilder oder Ähnliches auf der Webseite zu positionieren. Der große Vorteil der **Hypertext Markup Language** ist die Plattformunabhängigkeit. Es gibt heute wohl kaum noch Rechner auf denen nicht irgendein Browser läuft. Selbst die meisten Office Programme können mittlerweile **HTML** lesen, bzw. haben Exportfunktionen nach **HTML**. Mittlerweile wird **HTML** nicht nur im Web eingesetzt, sondern hält immer mehr Einzug in alle möglichen Formen der Datenpräsentation. **HTML** gibt es mittlerweile in der vierten Version. Seit den Anfängen hat sich einiges verändert. Neue Tags kamen hinzu, andere wurden entfernt. Für die Standardisierung der **Hypertext Markup Language** ist das W3C zuständig. Das W3C kümmert sich neben **HTML** auch um alle anderen Webtechniken, mit dem großen Ziel das World Wide Web zu vereinheitlichen und unter einen Hut zu bringen.

Zum erstellen von **HTML** Dokumenten benötigt man nicht viel: Ein einfacher Texteditor reicht schon aus.

Komfortabler ist es natürlich, die **HTML** Dokumente mit Hilfe eines sogenannten **HTML Editors** zu erstellen. Die meisten helfen beim einfügen von Text und Grafiken, indem sie den notwendigen Quelltext automatisch erzeugen.

Einige gängige **HTML Entwicklungswerkzeuge** werden in Kapitel 2.2 (Web Entwicklungswerkzeuge) kurz beschrieben.

2.1.2 Cascading Style Sheets (CSS)

In den Zeiten des ersten großen Erfolgs von HTML wurde die Sprache für allerlei physische Formatierungen "missbraucht". So tauchte plötzlich ein HTML-Befehl zur Darstellung von blinkendem Text auf, und später wurde ein Befehl beliebt, mit dessen Hilfe sich die Schriftart, die Schriftgröße (in 7 relativen Stufen) und die Schriftfarbe bestimmen lassen. Doch all diese Implementierungen in HTML sind letztlich Stückwerk und inkonsequent.

An diesem Punkt setzen die **Cascading Style Sheets** ein. Es handelt sich dabei um eine unmittelbare Ergänzungssprache, die extra für HTML entwickelt wurde. Sie klinkt sich nahtlos in HTML ein und erlaubt das beliebige Formatieren einzelner HTML-Elemente. Mit Hilfe von **CSS** können Sie beispielsweise festlegen, dass alle Überschriften 1. Ordnung 24 Punkt groß sind, in roter Helvetica-Schrift, mit einem Nachabstand von 16 Punkt und mit einer grünen doppelten Rahmenlinie oberhalb dargestellt werden. Sie können aber genauso gut auch für einen beliebigen Text festlegen, dass nur dieser Text 3 Zentimeter groß sein soll und eine gelbe Hintergrundfarbe erhält. Daneben enthält die **CSS-Sprache** auch Befehle zum punktgenauen Plazieren von Elementen am Bildschirm und für andere Ausgabemedien wie Druck oder Audiosysteme. Durch die **CSS** erfährt HTML deshalb einen gewaltigen Vorwärtsschub.

Die **CSS-Sprache** ist genauso wie HTML eine offiziell normierte Sprache. Sie wird wie HTML vom W3-Konsortium gepflegt und weiterentwickelt. Mittlerweile interpretieren die neueren Browser-Versionen von Netscape und Microsoft die **Cascading Style Sheets** auch.

Einfach ausgedrückt werden **Cascading Style Sheets** benutzt, um das Layout einer Seite zu bestimmen. Es ist allgemein bekannt, dass präzises Layout, also die pixelgenaue Anordnung von Elementen, mit HTML allein so gut wie unmöglich ist. **Cascading Style Sheets** sind vergleichbar mit Dokumentenvorlagen in Textverarbeitungsprogrammen. Sie sind sozusagen der erste Versuch, Inhalt und Layout der Webseiten voneinander zu trennen.

2.1.3 Skriptsprachen

Der Einsatz von Programmiersprachen zur Erzeugung dynamischer Webseiten gewinnt, nicht zuletzt dank Suns Java, immer mehr an Bedeutung. Hierbei muss allerdings zwischen serverseitigem und clientseitigem Scripting unterschieden werden. Wie der Name schon sagt, werden serverseitige Scripte auf dem Server ausgeführt, clientseitige Scripte auf dem Client, also vom Browser interpretiert. Client Scripts werden direkt in den HTML Code geschrieben und dort vom Browser gelesen und ausgeführt.

2.1.3.1 Clientseitiges Scripting

Clientseitiges Scripting bedeutet, dass die Skripts vom Browser interpretiert und ausgeführt werden. Das setzt einen scriptfähigen Browser voraus.

Wer von **clientseitigem Scripting** spricht wird meistens **JavaScript** im Hinterkopf haben. Der Internet Explorer beherrscht zwar auch **VBScript**, da aber auf möglichst alle Internetbesucher Rücksicht genommen werden soll, wird in der Regel **JavaScript** eingesetzt.

JavaScript ist im Dezember 1995 von Netscape entwickelt worden, damals noch unter dem Namen **LiveScript**, der sich jedoch rasch in **JavaScript** änderte. **JavaScript** wurde seitdem ständig weiterentwickelt und verbessert. Auch heutzutage wird an der Weiterentwicklung von **JavaScript** gearbeitet. **JavaScript** kann heutzutage von allen gängigen Browsern interpretiert werden.

Es kommt immer wieder vor, dass **JavaScript** und Java in einen Topf geworfen werden. Das ist aber nicht richtig. Zwar haben beide Sprachen einen ähnlichen Namen und ähnliche Syntax, dennoch gibt es einige grundsätzliche Unterschiede. So sind z.B. die ganzen Vererbungen von Java in **JavaScript** nicht möglich. Außerdem ist **JavaScript**, da es sich nur um eine **Skriptsprache** handelt, natürlich längst nicht so mächtig wie Java, welches eine vollwertige Programmiersprache ist.

Mit **Scripts** hat der Entwickler die Möglichkeit Bewegung auf die Webseite zu bringen. So lässt sich z.B. das aktuelle Datum ermitteln und anhand dessen bestimmte Funktionen ausführen, Laufschriften oder Animationen lassen sich erzeugen.

Da HTML aus Tags besteht, gibt es für den Einsatz von **Scripts** ein extra Tag: <SCRIPT>. Anschließend gibt man seine Befehle ein und schließt dieses Tag wieder in gewohnter HTML Manier: </SCRIPT>. Für gewöhnlich gibt man noch die verwendete Sprache an. Das würde dann folgendermaßen aussehen: <SCRIPT language="Javascript>. Komplett würde der Einsatz von **Client Script** folgendermaßen aussehen:

```
<SCRIPT>Quellcode</SCRIPT>
```

An der Stelle des *Quellcode* wird das Script oder ein Teil des **Scriptes** geschrieben. Es ist auch möglich mehrere solcher **Scripts** auf einer Seite zu platzieren.

2.1.3.2 Serverseitiges Scripting

Beim **serverseitigen Scripting** wird das Script vom Webserver verarbeitet und anschließend als fertiges HTML Dokument an den Client gesendet. Diese Technik ist vor allem für die Arbeit mit Datenbanken wichtig. Der Vorteil des **serverseitigen Scriptings** ist, dass man nun die Möglichkeit hat, Benutzereingaben zu verarbeiten und somit individuelle Webseiten erzeugen kann. Musste man sich bis vor einiger Zeit noch mit dem relativ komplexen **CGI** beschäftigen, hat man heute mit **Java Servlets** oder **Active Server Pages** einfachere Möglichkeiten, um **serverseitige Skripte** zu erstellen. Seit einiger Zeit gibt es Ansätze des **serverseitigem Scripting** nach Vorbild der Microsoft **Active Server Pages** auf der Basis von Java, sogenannte **Java Server Pages**. Mit Hilfe von **serverseitigen Scripts** ist es möglich, umfangreiche Webapplikationen zu erstellen. Bestes Beispiel sind Online Shops.

- **Active Server Pages (ASP)**

  Die **Active Server Pages** sind eine Scriptsprache, die sich an HTML orientiert und deren Dateiendung ‚asp' ist. Auf einem NT Server muss dazu der Internet Information Server 3.0 oder höher und die **ASP** Erweiterung installiert werden. Der Script Interpreter liegt in der Datei ASP.DLL..

  Active Server Pages können auf COM Objekte (auch bekannt als Active X Controls) zugreifen. In **ASP** kann Java Script und VB Script standardmäßig verwendet werden. Theoretisch sind auch andere Scriptsprachen realisierbar (z.B. Perl). Dies ist aber in der Praxis wenig sinnvoll.

  Typischer **ASP** Code ist in HTML Code eingebettet und sieht folgendermaßen aus:

  ```
  <% response.write("HELLO WORLD.") %>
  ```

  Der Code, der zwischen <% und %> steht, wird auf Server Seite abgearbeitet. Der Client erhält nur normalen HTML Code:

  HELLO WORLD.

  Die Vorteile dieser Vorgehensweise liegen in der absoluten Browser Unabhängigkeit, hoher Performance und einfachen Programmierbarkeit. Auch verbirgt sich im Gegensatz zu JavaScript Ansätzen der Quellcode vollständig, da der Browser (und damit der Benutzer) nur den Ergebnis HMTL Code erhält.

- **Java Servlets**

  Das Java Magazin [JMag4.99 S.63] beschreibt die **Java Servlets** als spezielle, serverseitig ausführbare Java-Klassen, also eine Art serverseitige Applets, die dynamisch vom Server geladen werden können, um so dessen Funktionalität zu erweitern. Anders als CGI-Programme läuft ein **Servlet** aber nicht in einem separaten Prozess, sondern in einem Thread innerhalb der Java Virtual Machine des Serverprozesses ab.

Durch dieses Vorgehen wird einerseits eine deutlich bessere Interaktion mit dem Server ermöglicht und andererseits eine bessere Performance als beim Aufruf von separaten Prozessen erreicht.

- **Java Server Pages (JSP)**

  Java Server Pages sind die Antwort von Sun Microsystems auf die Active Server Pages von Microsoft. Dies soll die Lücke beheben, Java Quellcode Passagen in ein HTML Dokument einzufügen, die vor der Auslieferung des Dokuments serverseitige Aktionen ausführen. Der Vorteil dieser Technik liegt, genauso wie bei ASP, in der Trennung von statischem und dynamischem Inhalt. **JSP** arbeiten eng mit Java Servlets zusammen. Die eingebetteten Codeteile werden in einen Servlet Quelltext umgewandelt und zur Laufzeit kompiliert.

Active Server Pages	Java Servlets	Java Server Pages
Hohe Performance	Persistent und schnell	Hohe Geschwindigkeit
Einfache Programmierbarkeit	Flexibel	Einbinden von Java Statements und Java Beans
Browserunabhängig	Sicher	
	Plattformunabhängig und nahezu beliebig erweiterbar	

Tabelle 2: Die verschiedenen Möglichkeiten serverseitigen Scriptings

2.1.4 Java Applets

Applets waren vor einiger Zeit überaus beliebt. Der große Nachteil ist jedoch die sogenannte Java Gedenksekunde. Das ist eine kurze Zeit, die das **Applet** zum laden und starten benötigt. Aber eben diese Gedenksekunde, sowie die Tatsache, dass JavaScript in den meisten Fällen ausreicht aber schneller ist, haben dazu geführt, das die Beliebtheit und Verbreitung der **Applets** etwas zurückgegangen ist.

Die Idee der **Applets** war es, Bewegung auf die Webseite zu bringen. Im Vergleich zu JavaScript allerdings sind zum Programmieren von **Applets** tiefgreifendere Kenntnisse in Java notwendig, die bei einem Großteil der Webentwickler nicht vorhanden sind.

Eingefügt wird ein **Applet** direkt im HTML Code und zwar an der Stelle an der es später auf der fertigen Seite erscheinen soll. Hierfür kann man das allgemeine Tag <OBJECT> verwenden, oder man greift auf das seit Netscape Navigator 3.0 und MS Internet Explorer 3.0 verfügbare Tag <APPLET> zurück.

Auf Eigenschaften und Methoden eines **Java Applets**, die public definiert werden, kann mit JavaScript zugegriffen werden.

2.1.5 Dynamic HTML (DHTML)

DHTML lautet das Schlagwort sowohl von Netscape, als auch von Microsoft. Trotzdem ist **DHTML** keine standardisierte Technik und so ist es kaum verwunderlich, dass die beiden Firmen jeweils eine etwas andere Vorstellung haben, was **DHTML** nun eigentlich ist.

Das Ziel von **DHTML** ist es, auf einfache Weise Bewegung auf die Webseiten zu bringen. Die Elemente einer Webseite sollen ihr Aussehen und ihre Position verändern können, ohne das jedes Mal eine Anfrage an den Server gesendet werden muss. Das W3 Konsortium definiert **DHTML** als eine Kombination aus HTML, Cascading Style Sheets und einer Skriptsprache, vorzugsweise JavaScript. Die Vorgehensweise von **DHTML** ist vergleichsweise Simpel und läuft fast immer nach dem gleichen Schema ab. Mit Hilfe der Cascading Style Sheets werden Objekte auf der Seite festgelegt und Ihre Attribute definiert. Mit Hilfe von JavaScript werden diese Attribute verändert. Die so erzielten Effekte bringen die Dynamik.

2.1.6 Extensible Markup Language (XML)

Da recht schnell erkannt wurde, dass HTML zwar eine einfache, aber der Idee der Erweiterbarkeit von SGML nicht gerecht wurde, hat man die Sprache **XML** entwickelt. **XML** stammt, genau wie HTML, von SGML ab. Doch anders als HTML ist **XML** keine Anwendung von SGML, sondern eine Teilmenge davon. HTML hat in erster Linie mit der Anzeige von Informationen zu tun, **XML** mit deren Beschreibung. **XML** ist ein Sprachstandard, der zur Strukturierung und Beschreibung von Daten verwendet wird, die von unterschiedlichen Anwendungen verstanden werden können. Die Leistungsfähigkeit von **XML** besteht in dessen Fähigkeit, die Darstellung vom Inhalt zu trennen.

William J. Pardi [WjP99, S. 17] gibt einige Möglichkeiten an, wie **XML** zur Arbeit mit Daten benutzt werden kann:

- **XML** kann als Datenaustauschformat benutzt werden. Viele Systeme, die seit längerem existieren, können Daten in ungleichen Formaten enthalten. Entwickler leisten viel Arbeit, solche Systeme mittels des Internet zu verbinden. Eine ihrer Herausforderungen besteht darin, Daten zwischen Systemen auszutauschen, die in der Regel nicht kompatibel sind. **XML** könnte die Lösung sein. Da das **XML** Textformat standardbasiert ist, können Daten in **XML** konvertiert werden und dann von anderen Systemen oder Anwendungen leicht gelesen werden.

- **XML** kann für Webdaten verwendet werden. Der Inhalt einer Webseite wird in einer **XML** Datei gespeichert, die HTML Seite wird nur für die Formatierung und Anzeige der Daten verwendet. Der Inhalt kann nun aktualisiert oder geändert werden, ohne dass der Autor je mit dem HTML Code in Berührung kommt.

- **XML** kann zur Erzeugung eines allgemeinen Datenspeichers für Informationen verwendet werden, die auf viele verschiedene Weisen benutzt werden sollen. Beispiel: Ein Zeitungsartikel soll außerdem noch auf einer Webseite und in einem Buch veröffentlicht werden. Wäre der ursprüngliche Artikel in einem proprietären Format wie RTF geschrieben, müsste er für das Web und wahrscheinlich nochmals für das Buch überarbeitet werden. Ist der Artikel aber in **XML** geschrieben, könnte er in allen drei Umgebungen gleichzeitig veröffentlicht werden, weil die Daten des Artikels unabhängig von der Art und Weise ihrer Darstellung sind. Die Formatierung, das Layout usw. hängen von der Anwendung ab, welche die Daten verwendet, und betreffen nicht den

Inhalt als solchen. Darüber hinaus muss der Anwendungscode, der die Daten darstellt nur einmal geschrieben werden und kann für die Darstellung einer ganzen Reihe von Artikeln verwendet werden.

2.2 Web Entwicklungswerkzeuge

Die Softwarefirmen sind bemüht, Programme auf den Markt zu bringen, mit denen sich Webs auf einfache Art und Weise erstellen, bearbeiten und laut den Herstellern auch administrieren und verwalten lassen. Die Realität sieht leider etwas anders aus. Programme wie Microsoft Frontpage oder Macromedia Dreamweaver bieten zwar durchaus einiges an Vereinfachung für den Webmaster, aber die zeitaufwendige Webverwaltung nehmen sie dem Webmaster nicht ab. Web Entwickler Werkzeuge gibt es jede Menge auf dem Markt. Alle haben sie ihre Vor- und Nachteile.

2.2.1 Microsoft Frontpage 2000

Wie alle gängigen HTML Editoren bietet auch **Frontpage 2000** [MSFrontpage2000] eine Entwurfs Ansicht, eine HTML Code Ansicht und eine Vorschau Ansicht. In der Entwurfsansicht kann man, ähnlich einem Textverarbeitungsprogramm, Texte, Bilder und Tabellen einfügen und auf diese Art und Weise HTML Seiten ohne Kenntnisse in HTML erstellen. Die HTML Code Ansicht ermöglicht die Bearbeitung der Seiten direkt im Quellcode. In der Vorschau kann die Seite betrachtet werden, so wie sie später von einem Webbrowser dargestellt wird.

Darüber hinaus bietet **Frontpage 2000** einige Features, die das Erstellen und Verwalten von Webs vereinfachen.

- **Mit Pixelgenauem Positionieren und Überlagern** können Seitenelemente an beliebigen Stellen auf der Seite und auf verschiedenen Ebenen positioniert werden.

- **60 vorgefertigte Designs** verleihen einer einzelnen Seite, mehreren Seiten oder einer gesamten Website ein einheitliches Aussehen.

- **Anpassen von Designs** um jedes beliebige der vorgefertigten Designs den eigenen Vorstellungen entsprechend anzupassen.

- **Browserübergreifende DHTML-Animationseffekte**

- **Cascading Style Sheets** weisen eine angepasste und einheitliche Formatierung.

- **Verschachtelte Unterwebs** bieten eine besser organisierte Webstruktur. Für jedes Unterweb können andere Zugriffsberechtigungen gewährt werden, wodurch es möglich wird, den Zugriff auf jedes Web einzeln zu kontrollieren.

- Mit der **Quellcodeverwaltung** lässt sich verhindern, dass andere Autoren Änderungen an Dateien speichern, die gerade bearbeitet werden. Die Quellcodeverwaltung ermöglicht darüber hinaus, eine vorherige Version der Datei wiederherzustellen.

- **Dokumenterstellung und -verwaltung** Mehrere Autoren können gleichzeitig Inhalte erstellen und diese Webs hinzufügen, wodurch es möglich wird, im Team zusammenzuarbeiten.

- Mit **Format übertragen** kann das Format des einen Textes schnell auf einen anderen übertragen werden.

2.2.2 Microsoft Visual InterDev 6.0

Microsoft **Visual InterDev** [VisualInterDev] ist ein für Programmierer konzipiertes Entwicklungstool für Webinhalte, das die folgende Umgebung bietet:

- **Datengesteuerte Webanwendungen**, die eine durch ODBC oder OLE DB unterstützte Datenquelle verwenden.

- **Weithin erreichbare Webseiten mit HTML- und Skripttechnologie** in Webanwendungen, die die neuesten Erkenntnisse in der Browsertechnik nutzen, z.B. Microsoft Internet Explorer 4.0, Dynamic HTML und Multimedia-Features.

- **Robuste Entwicklungsumgebung** mit einem Skriptsprachen-Objektmodell, Entwurfszeit-Steuerelementen (DTCs = Design-Time Controls) sowie einer erweiterbaren Werkzeugsammlung, mit der im Handumdrehen Seiten entworfen, getestet und debuggt werden können.

- **Entwicklungsteams, die Seiten isoliert entwickeln können** und den direkten Zugriff auf eine Masterversion haben, oder Teams mit Nicht-Programmierern, die über Microsoft FrontPage an der Masterversion arbeiten.

- **Integrierte Projektmappen**, die beispielsweise in Microsoft Visual Basic, Visual C++, Visual J++ und Visual FoxPro erstellte Applets oder Komponenten enthalten können.

Daneben bietet Microsoft **Visual InterDev** eine Reihe von Features, die den Entwickler oder Webmaster beim schnelleren Erstellen und dem Pflegen von Websites unterstützen. Hierzu zählen Assistenten, Entwurfszeit-Steuerelemente, ein CSS-Editor (Cascading Style Sheet), ein neuer WYSIWYG-Seiteneditor und die automatische Vervollständigung von Anweisungen.

Die Abbildung 1 zeigt alle Features und interessanten Tools in **Visual InterDev**.

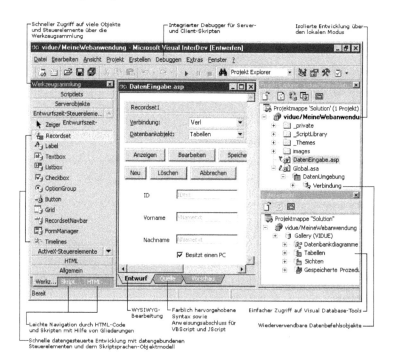

Abbildung 1: Die Visual InterDev 6.0 Umgebung

Außerdem enthält **Visual InterDev 6.0** eine ganze Reihe Tools für den Siteentwurf, mit denen das Planen von Seiten, das Strukturieren der Hyperlinks und das Zuweisen eines konsistenten Designs zur Website vereinfacht wird.

- **Sitediagramme** werden verwendet, um die Gesamtstruktur der Website zu planen, um Navigation zwischen Seiten festzulegen und um allgemeine visuelle Entwurfselemente schnell und einfach einsetzen zu können.

- Mit **Layouts** können den Webseiten Navigationsleisten hinzugefügt werden, welche im Handumdrehen als ein Kombination aus übergeordneten, untergeordneten und gleichgeordneten Dateien definiert werden können.

- **Designs** werden eingesetzt, um auf bequeme Weise Webseiten zu erstellen, die sich mit einem konsistenten Erscheinungsbild im Web präsentieren.

Beim Verwenden von Sitediagrammen, Layouts und Designs als Entwurfswerkzeug, werden die tatsächliche Dateistruktur und die Navigationsleisten automatisch erstellt. Um die Oberflächenverwaltung zu vereinfachen, ermöglichen es die Sitediagramme, die Navigationsleisten stets auf dem aktuellen Stand zu halten, wenn das Sitediagramm aktualisiert wird.

Formatvorlagen können im CSS-Editor (Cascading Style Sheets-Editor) ganz einfach bearbeitet werden. Der CSS-Editor besitzt eine benutzerfreundliche Oberfläche zum Bearbeiten von Formatvorlagen, die das Bearbeiten von reinem CSS-Text überflüssig macht.

2.2.3 Macromedia Dreamweaver

Der Schwerpunkt von **Dreamweaver** liegt auf der Erstellung und Gestaltung von dynamischen Webseiten. Ein Ziel von **Dreamweaver** ist es, browserunabhängige Webseiten erstellen zu können. **Dreamweaver** stellt Browserprofile zur Verfügung, mit denen man prüfen kann, ob die eben erstellte Seite auf irgendwelchen Browsern zu Problemen führt. Diese Browserprofile lassen sich natürlich ändern oder erweitern.

Mit Hilfe von sogenannten Timelines können Objekte auf der Webseite bewegt werden. Man gibt lediglich den Start- und den Endpunkt an, sowie die Dauer der Animation.

2.2.4 HoTMetaL PRO 5.0

Das neue HoTMetaL PRO 5.0 ist das mächtige **HTML/XML-Publishing System** mit allem, was man zur einfachen Erstellung professioneller Seiten braucht. HoTMetaL PRO 5.0 verfügt über einen **WYSIWYG Editor** für schnelles Prototyping, einen **Source Code Editor** für maximale Kontrolle über HTML und XML, Site Management für die Pflege und einen **FTP Client** für effizientes Uploaden der Seiten. Und mit **HoTMetaL Power Pack** lassen sich einfach E-Commerce oder andere interaktive Funktionen einbinden.

Das neue HoTMetaL PRO 5.0 bietet:

- WYSIWYG Editor für einfachstes Designen

- Source Code Editor für knifflige Aufgaben

- Vollständig integriertes Site Management

- XML Erzeugung

- Syntax Colorierung für HTML und JavaScript

- Automatischer Einzug, Blocksatz, Zeilennummerierung und Wortumbruch

- Site Doctor zum Aufspüren und Reparieren von unvollständigen Links

- Web-View Visualisierung mit dem integrierten Browser

- Site Creation Wizard

- Publishing auf Tastendruck mit dem neuen Resource Manager

Selbstverständlich unterstützt HoTMetaL PRO 5.0 die neuesten HTML-Erweiterungen wie Cascading Style Sheets, Dynamic HTML, JavaScript und natürlich XML.

2.3 Zusammenfassung

Man kann also sehen, dass die Wahl der Techniken und der richtigen Werkzeuge nicht gerade einfach ist, einem aber im Vorfeld bereits eine Menge Arbeit erspart. Der Einsatz von JavaScript gehört bei einem Webauftritt schon zum guten Ton. Wer allerdings umfangreichere und professionelle Webs erstellen möchte, muss sich mit ASP, JSP oder Servlets auseinandersetzen.

Bei sehr kleinen Webauftritten, wie denen von Privatpersonen, reicht oftmals schon ein einfacher Texteditor, das sowieso vorhandene Officepaket oder einer der zahllosen frei erhältlichen HTML Editoren. Bei größeren Webauftritten, wie etwa dem kleinerer bis mittelgroßer Firmen, hat man ohne den Einsatz eines professionellen HTML Editors kaum eine Aussicht auf dauerhaft gute Ergebnisse. Für den Einsatz von ASP, JSP oder Servlets macht der Einsatz einer professionellen Entwicklungsumgebung wie dem Visual InterDev oder dem JDK Sinn, da diese einige Annehmlichkeiten beinhalten, die das Programmieren erleichtern.

Kapitel drei soll nun anhand der in Kapitel zwei vorgestellten Techniken einige Möglichkeiten beschreiben, wie professionelles Webmanagement realisiert werden kann.

3 Die verschiedenen Möglichkeiten Webmanagement zu realisieren

3.1 Datenbankgestütztes Webmanagement mit Hilfe von serverseitigen Skripts

Einer der eher aufwendigeren aber dafür um so effektiveren Ansätze ist das Webmanagement mit Hilfe einer Datenbank. Bestes Beispiel hierfür sind die Internetseiten von Microsoft.

Die Idee ist eigentlich relativ einfach. Alle Informationen werden in einer Datenbank abgelegt und bei Bedarf abgerufen. Notwendig für diese Datenbankanbindung ist, eine der in Kapitel 2.1.3.2 beschriebenen, serverseitigen Programmiertechniken. Im Fall von Microsoft sind es die Active Server Pages. Die Formatierungen und Designs befinden sich im HTML Code der jeweiligen Internetseiten, die Informationen werden wie erwähnt, bei Bedarf aus der Datenbank abgerufen. Mit dieser Technik erreicht man die totale Trennung von Darstellung und Inhalt. Bei neuen Informationen oder Aktualisierungen ist es nicht mehr nötig, die Webseiten zu bearbeiten. Die neuen oder geänderten Informationen werden automatisch aus der Datenbank abgerufen. Ein weiterer Vorteil dieser dynamischen Technik ist, dass bei weitem nicht mehr so viele Internetseiten notwendig sind wie mit der herkömmlichen statischen HTML Technik. Da die ASP Seiten auf Benutzeranfragen reagieren und bei Bedarf die richtigen Informationen aus der Datenbank abrufen, ist es ausreichend, eine ASP Seite für eine ganze Gruppe von Informationen zu erstellen. Diese liefert, je nach Benutzeranfrage, jedes Mal andere Informationen.

Weitere Vorteile für den Webmaster ergeben sich durch die Möglichkeit, den Verantwortlichen spezielle Eingabemasken zu erstellen, damit diese ihre Informationen selbst und ohne Umwege in die Datenbank eingeben können. Das ist gleichbedeutend mit der sofortigen Veröffentlichung. D.h. neben dem minimalen Pflegeaufwand ergibt sich als weiterer Vorteil die geringere Zeit, die verstreicht, bis neue Informationen im Web stehen.

Auch in den Punkten Layout und Design überzeugt diese Methode. Da man nun nicht mehr an HTML und Client Skripts gebunden ist, hat man die Möglichkeit dynamisch Elemente zu erzeugen, die mit herkömmlichen Methoden nicht realisierbar sind.

Ein weiterer Vorteil der ASP Technologie ist, dass diese vom Webserver erzeugten HTML Seiten auch von älteren Browsertypen gelesen und verarbeitet werden können. Der Webentwickler muss nicht mehr auf die verschiedenen Browsertypen Rücksicht nehmen.

Der große Nachteil der ASP Technologie ist, wie bei allen serverseitigen Anwendungen, das Übertragungsvolumen. Da alle Aktionen auf dem Server ausgeführt werden, muss für jede Aktion eine Verbindung zum Webserver aufgebaut werden.

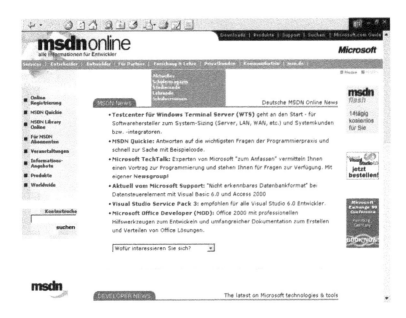

Abbildung 2: Die Microsoft Internetseiten

3.2   Webmanagement mit XML und JavaScript

XML hat den großen Vorteil, dass man sich nicht mit Datenbanksystemen befassen muss. Mit XML hat man ähnliche Möglichkeiten wie mit einer Datenbank, lediglich die Datenmenge sollte bei XML nicht zu groß werden. Ein sehr großer

Vorteil von XML ist die Einfachheit. Da XML genauso wie HTML von SGML abstammt (Kapitel 2.1.6), ist es dem HTML auch sehr ähnlich und somit sehr einfach zu erlernen. Es wird allgemein behauptet, dass man mit HTML Kenntnissen mit XML keine Mühe hat.

Der große Nachteil von XML ist, dass es momentan nur vom Internet Explorer 5 direkt verarbeitet werden kann.

Man kann diese XML Dokumente mittels des XML Dokumenten Objekt Modell (DOM) ansprechen. Auf diese Weise kann man, ähnlich einer Datenbank, die einzelnen Elemente des XML Dokumentes auslesen oder durch die Datensätze navigieren. XML bietet genauso wie eine Datenbank auch die Möglichkeit der Dateneingabe, d.h. man kann ein XML Dokument dynamisch füllen oder erzeugen.

Der große Vorteil dieser Technik gegenüber dem Einsatz von Datenbanken ist, dass die gesamten Daten nur einmal in Form des XML Dokumentes an den Client übermittelt werden müssen. Hat der Client das XML Dokument einmal geladen, sind alle Operationen, die das XML Dokument betreffen, clientseitig und somit natürlich um ein vielfaches schneller als bei immer wiederkehrenden Datenbankaufrufen. Außerdem benötigt man für die Datenzugriffe auf XML Dokumente lediglich JavaScript Kenntnisse, die heutzutage bei fast jedem Webentwickler vorhanden sind. Wie bei der Methode mit den Datenbanken, kann man die Daten ändern, ohne die Formatierungen anrühren zu müssen und umgekehrt, da der Einsatz von XML Darstellung und Inhalt voneinander trennt.

Für den Einsatz der XML Technologie sprechen aber noch andere Gründe. Werden bestimmte Daten in XML Dokumenten abgelegt, bietet sich wie erwähnt die Möglichkeit diese Daten mittels Javascript im Internet zu veröffentlichen. Außerdem kann man diese XML Datei mittels eines Makros in ein Word oder Excel Dokument parsen. Auf diese Weise müssen die Daten eines Unternehmens oder einer Organisation nicht mehr doppelt, als HTML und als Word Dokument, abgelegt werden.

3.3 Kombination von Datenbanken, XML, ASP und JavaScript

Mit der Kombination der verschiedenen Webtechnologien hat man die Möglichkeit, die Vorteile jeder Technik zu nutzen.

Man kann zum Beispiel die Daten einer Datenbank in eine XML Datei einlesen und gesammelt an den Client übermitteln. Die Bearbeitung der Daten erfolgt wie in Kapitel 3.2 beschrieben clientseitig und damit enorm schnell. Anschließend wird die veränderte XML Datei wieder an den Server übermittelt und die Daten in die Datenbank eingelesen. Das heißt konkret, dass XML zur Datenübertragung verwendet wird. Das Prinzip des Datenbankeinsatzes hat sich nicht geändert. Die Tatsache, dass XML Dokumente bisher nur vom Internet Explorer 5 direkt verarbeitet werden können, lässt sich unter Zuhilfenahme der Active Server Pages Technologie umgehen. Da der Internet Information Server, ebenso wie der IE5, XML Dokumente verarbeiten kann, lassen sich diese mittels ASP in die Webseiten einbinden und schließlich als reine HTML Seiten an den Client übertragen.

3.4   Active Directory Service Interfaces

In einer Firma werden in der Regel Listen mit Kostenstellen oder den Rechtegruppen im Intranet abgebildet, um den Mitarbeitern einen Überblick über die Firmenstruktur und Ihren Platz darin zu zeigen. Normalerweise liegen diese Listen als Excel Files oder Word Dateien vor und müssen von Hand gepflegt und in HTML übersetzt werden.

Es existiert jedoch die Möglichkeit, die Informationen einer Domäne über ein Skript anzusprechen und auszulesen. Dadurch ist es möglich, die Benutzer und Rechtegruppen einer Domäne in einem Intranet dynamisch abzubilden.

Der Zugriff auf die Active Directory erfolgt mittels VBScript, kann also problemlos über eine Active Server Page vorgenommen werden. Somit können die Rechtegruppen oder Drucker einer Domäne aufgelistet oder angesprochen werden. Der Zugriff auf die Active Directory erfolgt normalerweise mittels LDAP.

```
domainInfo = GetObject("LDAP://OU=MyDomain")
```

Unter Windows NT kann dieser Zugriff zusätzlich über WinNT realisiert werden.

```
domainInfo = GetObject("WinNT://MyDomain")
```

Mit Hilfe der Active Directory gibt es die Möglichkeit, einzelne Bereiche eines Webs nur für autorisierte Personen zugänglich zu machen. Auf diese Weise können alle notwendigen Informationen einer Firma im Intranet abgelegt werden, auch solche, die nicht allen Mitarbeitern zugänglich sein sollten. Windows 2000 bietet zudem die Möglichkeit, über die Active Directory auf einzelne Verzeichnisse zuzugreifen. Dadurch lassen sich dynamisch Inhaltsverzeichnisse der Webs erstellen und als Sitemaps im Web selbst darstellen. Mit Hilfe der Active Directory kann außerdem auf das Mailsystem zugegriffen werden. Dies bietet die Möglichkeit, E-Mails mit wichtigen Informationen als Webseite darzustellen und somit den Mitarbeitern zusätzlich über das Intranet verfügbar zu machen.

3.5 Ontobroker

Ontobroker [AIFB99] bietet Zugriff auf heterogene, verteilte und semistrukturierte Informationen, wie sie besonders in Webs vorzufinden sind. Dabei stützt sich Ontobroker auf Ontologien, um die Inhalte von Webseiten hervorzuheben, Anfragen zu formulieren und deren Antworten zu erzeugen. Alle benötigten Informationen werden in einer Wissensdatenbank gespeichert. Ontobroker teilt sich in vier Punkte auf [InfoWissen99]:

- **Info Agent:**
  Der Info Agent ist verantwortlich für den Import der Informationen aus den verschiedenen Webseiten in die Wissensdatenbank. Dieser Import wird durch die Ontologie ermöglicht.

- **Inference Agent:**
  Der Inference Agent leitet aus den gegebenen Fakten, unter Verwendung der Ableitungsregeln der Ontologie, neues Wissen ab. Implizites Wissen wird somit explizit.

- **Query Engine:**
  Die Query Engine ist für die Verarbeitung der Anfragen verantwortlich. Hierzu erhält die Engine die Anfragen und beantwortet diese, indem sie den Inhalt der Datenbank durchsucht.

- **Database Manager**
  Der Database Manager ist die Stütze des ganzen Systems. Er ist

verantwortlich für die Fakten, die der Query Engine zur Verfügung gestellt oder über den Inference Agent ausgetauscht werden.

3.6   Webmanagement Tools

Neben dem Panagon Web Publisher gibt es, ähnlich wie bei den HTML Editoren, eine ganze Reihe unterschiedlicher Produkte verschiedener Hersteller auf dem Markt. Das Prinzip ist jedoch bei allen dasselbe.

3.6.1   Panagon Web Publisher

Der Panagon Web Publisher besteht aus zwei Komponenten: dem Panagon Web Publisher Server und der Panagon Web Publisher Station. Der Web Publisher Server wird auf einem NT Server, mit Internet Information Server, installiert. Der Web Publisher Server bildet später die Verbindung zwischen dem Internet Information Server und der Workstation. Auf der Workstation wird die Web Publisher Station installiert, welche den eigentlichen Übersetzungsprozess der Dokumente übernimmt.

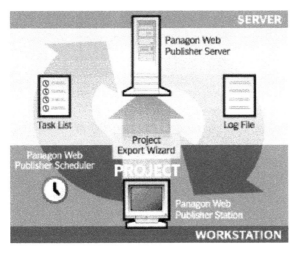

Abbildung 3: Die Arbeitsweise des Panagon Web Publisher

Abbildung 3 zeigt, wie der Panagon Web Publisher Server und die Panagon Web Publisher Station zusammenarbeiten.

Die notwendigen Softwarevoraussetzungen für den Betrieb der beiden Programme werden vom Hersteller folgendermaßen angegeben:

Web Publisher Server:

- Windows NT 4.0 Server mit Service Pack 3
- Microsoft Internet Information Server 4.0

Web Publisher Station:

- Windows NT 4.0 Workstation mit Service Pack 3 oder Windows 95
- Internet Explorer 4.X oder Netscape Navigator 4.X

Wie erwähnt, ist für den eigentlichen Übersetzungsprozess die Panagon Web Publisher Station zuständig. Hierzu muss eine neue oder eine bestehende Publication geöffnet werden. Die PWP Station öffnet das Hauptfenster.

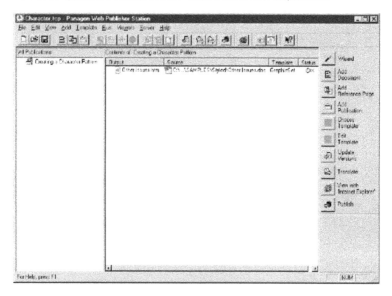

Abbildung 4: Das Hauptfenster der PWP Station.

Beim Erstellen einer neuen Publication wird verlangt, einen Pfad für die Output Dateien anzugeben. In diesem Ordner liegen später die fertigen HTML Dokumente.

Wie alle Windows Programme hat auch die PWP Station eine Menüleiste und sogenannte Werkzeugleisten (Abbildung 5).

Abbildung 5: Die Werkzeugleiste der PWP Station.

Um ein neues Dokument der Publication hinzuzufügen, klickt man auf das Add Document Icon oder geht den Weg über die Menüleiste. Im sich daraufhin öffnenden Fenster wählt man "File System", woraufhin man sich bis zum gewünschten Dokument durchklicken kann. Hat man das gewünschte Dokument ausgewählt, wird man aufgefordert ein Template anzugeben (Abbildung 6). Hier hat man die Möglichkeit, auf ein bereits Erstelltes zurückzugreifen oder ein neues anzulegen.

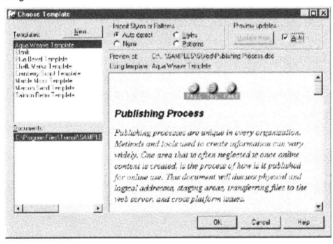

Abbildung 6: Templates auswählen oder neues erstellen.

Hat man sich für ein Template entschieden, so übersetzt man das Dokument und kann anschließend das Ergebnis im Browser bewundern. Um ein neues Template zu kreieren geht man folgendermaßen vor.

Man klickt im Auswahlfenster der Templates auf New. Anschließend gibt man ein bereits existierendes Template als Vorlage an.

Die Dateien, die vom Panagon Web Publisher übersetzt werden können, sind auf der PWP Homepage [IPbPWP] aufgelistet:

Text Formate:	Grafik Formate:
AmiPro (Version 1.1 bis 3.1) *.sam	Autocad *.dxf
ASCII Standard *.txt	Bitmap *.bmp
Adobe FrameMaker (Version 3.0 bis 5.0) *.mif	Computer Graphics Metafile *.cgm
	Corel Draw *.cdr
Interleaf (Version 5.2 bis 6.0) *.doc	Device-Independent Bitmap *.dib
Microsoft Word (DOS und Windows bis Word 97) *.doc	Digitral Research *.gem
	Enscapsulated PostScript (EPSO) *.eps
Microsoft Windows Write *.wri	Graphics Interchange Format *.gif
Rich Text Format (RTF) *.rtf	Hewlett Packard Graphics Language
Corel WordPerfect (DOS, Windows bis 7.0) *.wpd	*.plt/ *.hpgl
	Joint Photographics Experts Group *.jpg
Microsoft Excel (95 und 97) *.xls	Lotus PIC *.pic
Microsoft PowerPoint (95 und 97) *.ppt	Micrografx Designer *.drw
Lotus FreeLance '97 *.prz	Microsoft Paint *.msp
Lotus WordPro ('96 und '97) *.lwp	Paint *.pcx/*.pcc
Lotus 1-2-3 '97 *. 123	Portable Network Graphics *.png
	Raster Image Format *.ras
	Ragged Image file format (TIFF) *.tif
	Windows Metafile *.wmf
	Corel WordPerfect Graphics *.wpg

Tabelle 3: Die vom Panagon Web Publisher unterstützten Dateiformate

Formate, die der Panagon Web Publisher nicht unterstützt, lassen sich nicht in ein Projekt übernehmen und somit gelingt noch nicht einmal der Versuch, ein solches Dokument zu übersetzen.

3.6.2 UserLand Frontier 6

Frontier ist eine objektorientierte Datenbank, die ihre Inhalte in Form von Webseiten direkt auf einen Webserver ausgeben kann. Frontier 6 enthält einen sogenannten Responder, ein Skript, welches auf http-Anfragen reagiert und dem Benutzer dynamisch generierte Webseiten zurücksendet. Dieser Responder macht Frontier zu einem Webserver der besonderen Art. Je nach Konfiguration und aufgerufener URL liefert er dem Benutzer flexibel Informationen aus der Datenbank zurück.

Frontier 6 eignet sich somit hervorragend als automatisierte Alternative für eine große Webpräsenz. Vor allem da Frontier 6 Schnittstellen für ASP, Java, Perl und SQL bietet.

3.7 Einfache Ansätze mit herkömmlichen Methoden

Auch ohne die Unterstützung besonderer Programme lässt sich der Administrationsaufwand bereits erheblich verringern.

- Der Einsatz eines Style Sheets für das gesamte Web bewirkt, dass neue Seiten nicht in dem Umfang formatiert werden müssen wie bisher. Es ist lediglich notwendig, die richtigen Tags zu setzen. Die Formatierungen übernimmt das Style Sheet. Bei Änderungen am Layout muss nur dieses eine Style Sheet geändert werden, um die Änderungen am ganzen Web vorzufinden. Der Einsatz von Style Sheets ist gewissermaßen Grundvoraussetzung für DHTML Anwendungen.

  Da im HTML explizit zugewiesene Style Attribute die des Style Sheets überlagern, gibt es eigentlich nichts was gegen den Einsatz von Style Sheets spricht. Die Möglichkeit spezieller Eigenschaften für besondere Texte oder Bilder bleibt erhalten.

- Es existieren auch Möglichkeiten des Webmanagements auf organisatorischer Ebene.

  Man kann das Web in verschiedene Bereiche unterteilen und mit der Pflege verschiedene Mitarbeiter betrauen. So kann es z.b. sinnvoll sein, mit der Pflege der Stellenangebotsseiten im Web die Personalabteilung zu beauftragen. Dies hat zur Folge, dass die Stellenangebote sofort und ohne Umwege wie Nachfragen o.ä., ins Web gestellt werden können.

- Framesets bieten eine einfache Möglichkeit, erste Ansätze von Webmanagement umzusetzen. Dies extra zu erwähnen scheint zwar etwas übertrieben, da der Einsatz von Framesets zum kleinen Einmaleins der Webentwicklung zählt, aber trotzdem sind Framesets erste Ansätze des Webmanagements. Man kann zwischen der Navigationsstruktur und den reinen Inhaltsseiten trennen. Indem man seine Navigationsstruktur mit einem Frameset von den Informationen trennt, muss man nicht jede neue Seite, die man ins Web stellt, mit den Navigationslinks ausstatten.

3.8 Ergebnis

Die meisten der vorgestellten Möglichkeiten, Webmanagement zu realisieren, haben ihre Vor- und Nachteile.

Um richtig effizientes Webmanagement zu erreichen, ist man gezwungen mehrere der möglichen Techniken zu kombinieren. So bringt z.B. XML alleine keine besondere Erleichterung, in Kombination mit JavaScript hingegen lassen sich durchaus wesentliche Vereinfachungen erreichen.

Einige der einzusetzenden Techniken werden in gewisser Weise von den Besuchern der Webseiten vorgegeben. Seiten auf den keine Dynamik vorzufinden ist, werden nicht mehr besucht. Diese Vorgaben der einzusetzenden Technologien, gilt es sinnvoll in eine Webmanagementlösung zu integrieren. Schließlich soll der Arbeitsaufwand nicht verlagert, sondern tatsächlich reduziert werden.

4 Lösungsansatz: Webmanagement beim Prodacta Intranet mit Hilfe des Panagon Web Publishers

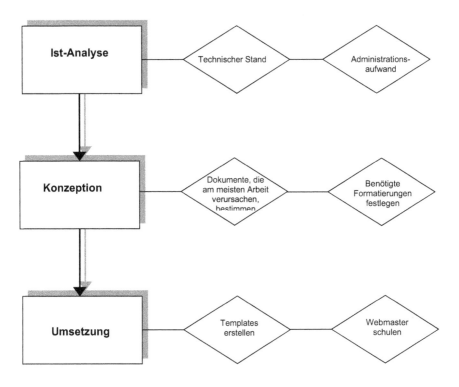

Abbildung 7: Vorgehensweise bei der Einführung von Webmanagement mit dem PWP.

4.1 Ist-Analyse

4.1.1 Technischer Stand

Das Prodacta Intranet ist in Kombination mit dem Mailsystem das Informationsmedium Nummer eins innerhalb der Firma. Durch die Möglichkeit für die Mitarbeiter, sich vom Internet aus in das Prodacta Intranet einzuloggen, haben Consultants die Möglichkeit, direkt vor Ort beim Kunden Informationen abzurufen. Somit ist es schon seit langem Pflicht, alle wichtigen Informationen die Firma betreffend im Intranet abzulegen. Mit aus diesem Grund, gewinnt das Intranet innerhalb der Firma immer mehr an Bedeutung. Es enthält alle wichtigen Informationen vermehrt werden auch Geschäftsdaten über das Intranet bearbeitet. Die Mitarbeiter finden hier schnell und einfach Informationen und Anleitungen für die früher minutenlanges "Herumtelefonieren" nötig war. Anwendungen die die Netzwerkpflege unterstützen und erleichtern runden das Portfolio, welches das Prodacta Intranet seinen Mitarbeitern bietet ab.

Mittlerweile hat das Prodacta Intranet eine Größe von 500 Megabyte und wird von 12 Personen bearbeitet und verwaltet. Noch vor 12 Monaten hatte das Prodacta Intranet ein Ausmaß von 20 Megabyte und wurde von nur einer Person verwaltet. Es ist abzusehen, dass das Prodacta Intranet in den nächstem Monaten sogar noch stärker wachsen wird als bisher.

Prodacta hat eine vollkommen homogene DV-Struktur auf der Basis von Microsoft. Auf allen Arbeitsplatzrechnern läuft als Betriebssystem Microsoft Windows NT 4.0 Workstation mit dem Internet Explorer 4. Die Server und somit auch der Intranet Server sind allesamt Windows NT 4.0 Server. Der Webserver für das Intranet ist ein Microsoft Internet Information Server (IIS) 4.

Webentwicklung für das Prodacta Intranet ist somit um ein vielfaches einfacher als für Internet Auftritte. Insbesondere können im Prodacta Intranet Windows Controls angesprochen und verwendet werden.

Das Prodacta Intranet ist in viele Bereichswebs unterteilt, d.h. jeder Geschäftsbereich bei Prodacta hat ein eigenes Intranet, für dessen Inhalt, Pflege und Verwaltung der jeweilige Geschäftsbereich selbst verantwortlich ist. Es gibt einige Vorgaben, die die Bereiche einzuhalten haben. So ist z.B. das Layout und der grundsätzliche Aufbau des Bereichswebs vorgegeben.

Eine dynamische Navigationsleiste, realisiert mit JavaScript, liegt als Vorlage bereit und kann von den Bereichen einfach verwendet werden, Programmierkenntnisse sind hierfür nicht nötig. Die einzelnen Inhalte werden von den Bereichen mittels MS Frontpage eingestellt. Dies gibt den einzelnen Bereichen die Möglichkeit, ihre Informationen auf dem schnellsten Wege ins Netz zu stellen, da sie nicht auf Dritte angewiesen sind.

Verbunden sind diese Bereichswebs über eine Navigationsleiste, die sich am oberen Rand des Browserfensters befindet. Jedes dieser Bereichswebs hat auf der linken Seite einen Navigationsbaum, von welchem aus direkt zu jeder Seite im jeweiligen Web navigiert werden kann.

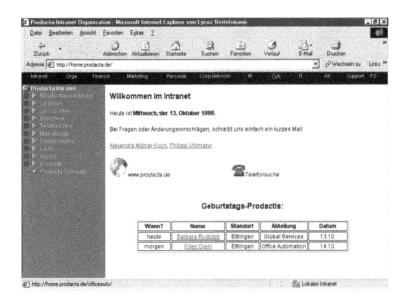

Abbildung 8: Das Prodacta Intranet.

Der grundlegende Aufbau des Prodacta Intranet ist mit einem Straßensystem vergleichbar (Abbildung 9). Eine Navigationsleiste ermöglicht schnelles navigieren zwischen den einzelnen Bereichen, ähnlich wie eine Autobahn die zwei große Städte miteinander verbindet. Eine zweite Navigationsleiste innerhalb der Bereiche ermöglicht schnelle Navigation zwischen verschiedenen

Themengebieten, dies ist in etwa vergleichbar mit einer Bundesstraße. Dort kann sich der User dann, wie auf einer Kreis- oder Landesstraße, gemütlich zur gesuchten Information gelangen.

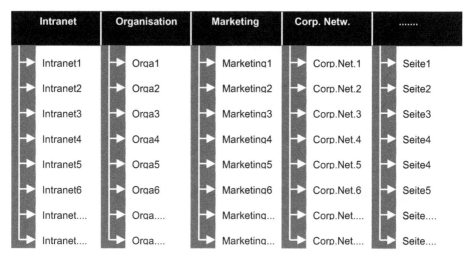

Intranet	Organisation	Marketing	Corp. Netw.	....
Intranet1	Orga1	Marketing1	Corp.Net.1	Seite1
Intranet2	Orga2	Marketing2	Corp.Net.2	Seite2
Intranet3	Orga3	Marketing3	Corp.Net.3	Seite3
Intranet4	Orga4	Marketing4	Corp.Net.4	Seite4
Intranet5	Orga5	Marketing5	Corp.Net.5	Seite4
Intranet6	Orga6	Marketing6	Corp.Net.6	Seite5
Intranet....	Orga....	Marketing...	Corp.Net....	Seite....
Intranet....	Orga....	Marketing...	Corp.Net....	Seite....

Abbildung 9: Die Organisation des Prodacta Intranet.

Um den Bereichen den Auftritt im Intranet möglichst einfach zu machen, liegt alles, das für einen solchen Auftritt notwendig ist, als Vorlage mit ausführlicher Anleitung bereit:

- MS Frontpage 2000 oder Visual InterDev 6.0 können zentral von einem Server aus über das Netzwerk installiert werden. Frontpage hat den entscheidenden Vorteil, dass man selbst ohne HTML Kenntnisse Webseiten erstellen kann. Dies gibt den einzelnen Bereichen die Möglichkeit, ihre Informationen auf dem schnellsten Wege ins Netz zu stellen, da sie nicht auf Dritte angewiesen sind.
  Das Layout dieser mit Frontpage erstellten Seiten lässt zwar an manchen Stellen etwas zu wünschen übrig, aber im Prodacta Intranet wird Funktionalität und Effizienz über das Aussehen gestellt.

- Eine ausführliche Anleitung über MS Frontpage liegt im Intranet bereit, so dass der Webmaster nicht jedem Mitarbeiter einzeln eine Einführung geben muss. Ebenso im Netz bereit liegen „Self HTML" und eine JavaScript Hilfe Datei von Microsoft.

- Das Frameset der Startseite, welches in jedem Web enthalten sein muss, liegt als Vorlage bereit, und muss lediglich in das neue Web eingefügt werden. Dieses Frameset beinhaltet bereits die Navigationsleiste, mit welcher zwischen den einzelnen Webs hin- und hernavigiert werden kann.

- Eine weitere Vorlage ist der JavaScript Navigationsbaum, der im Prodacta Intranet in jedem Web eingesetzt wird. Für die Benutzung dieses Baumes existiert selbstverständlich ebenso eine umfassende Anleitung und Beschreibung.

4.1.2 Administration und Pflege

Das Prodacta Intranet ist unterteilt in jede Menge eigenständiger Webs, eines für jeden Geschäftsbereich. Die Geschäftsbereiche sind selber für die Pflege und Verwaltung ihrer Seiten verantwortlich. Zur Pflege und Bearbeitung der Seiten wird Microsoft Frontpage, bzw. Visual InterDev 6.0 eingesetzt. Viele Bereiche allerdings sind mit den Webtechniken nicht vertraut und mit der Pflege ihres Bereichswebs überfordert. Diesen Bereichen muss der Webmaster Hilfestellung geben.

Dies läuft in der Regel so ab, dass der Webmaster die ins Netz zu stellenden Dokumente als Word oder Excel Datei per E-Mail zugesendet bekommt. Diese Office Dokumente übersetzt er dann in HTML und stellt sie anschließend ins Netz. Der Webmaster verbringt 80% der Zeit mit dem aktualisieren und abändern von schon im Netz vorhandenen Dokumenten, sowie dem übersetzen und verlinken von neuen, mit Office erstellten Dateien. Lediglich 20% seiner Zeit bleiben dem Webmaster für Neuentwicklungen und Erweiterungen der Funktionalität.

4.2 Konzeption

Als erstes gilt es diejenigen Dokumente zu bestimmen, die den größten Zeitaufwand in Anspruch nehmen. Da wären bei Prodacta die folgenden Dokumente zu nennen:

- **Aufbauorganisation**:

  Die Aufbauorganisationen der gesamten Firma, sowie der einzelnen Bereiche beinhaltet die Namen der jeweiligen Mitarbeiter. Bei einem so stark wachsenden Unternehmen wie Prodacta, bedeutet dies, dass die Aufbauorganisationen alle paar Wochen aktualisiert werden müssen. Die Aufbauorganisationen sind Bilder und liegen als solche vor.

- **Kostenstellenpläne**:

  Für die Kostenstellenpläne gilt im Prinzip dasselbe wie schon für die Aufbauorganisation. Auch hier sind ständige Aktualisierungen nötig, wenn auch nicht so häufig wie dies bei den Aufbauorganisationen der Fall ist.

- **Leit- und Richlinien:**

  Leit- und Richtlinien machen im Prodacta Intranet mindestens 50 % der Dokumente aus. Da diese die wichtigen und immer wieder benötigten Informationen enthalten, ist es zwingend erforderlich, dass sie stets aktuell sind. Änderungen sind hier zwar nicht so oft zu erwarten, wie bei anderen Dokumenten, aber das aller Leit- und Richtlinien ähnlich aufgebaut sind, macht es durchaus Sinn für sie ein Template zu erstellen.

- **Konventionen:**

  Konventionen sind zwar nicht ganz so zahlreich vorhanden wie Leit- und Richtlinien, aber sonst gilt dasselbe wie für die Leit- und Richtlinien. Konventionen sollten immer aktuell sein und müssen daher bei Änderungen sehr schnell aktualisiert werden.

- **Mailablage**

  In der Mailablage werden alle E-Mails mit Informationen die an alle Prodacta Mitarbeiter gerichtet sind, als HTML Dokument abgelegt, damit sie jederzeit für jeden Verfügbar sind. Außerdem werden Consultants, die für längere Zeit bei einem Kunden sind, auf diese Weise in den internen Informationsfluss mit einbezogen.

Aus diesem Grund muss die Mailablage immer aktuell sein. Das übersetzen und verlinken neuer Mails bereitet große Schwierigkeiten.

Für jede Art der oben genannten Dokumente soll ein Template erstellt werden, mit welchem sich die Dokumente anschließen schnell und effizient übersetzen lassen. Dazu werden in jedem Template die benötigten Formatierungen festgelegt:

- **Aufbauorganisation:**

  Da die Aufbauorganisationen lediglich aus Bildern besteht, gibt es hier relativ wenig zu beachten. Lediglich die Tatsache, dass es einige verschiedene Aufbauorganisationen gibt, für welche eine Art Default Seite existiert, die auf die entsprechenden Aufbauorganisationen verweist. Es existieren grundsätzlich zwei Möglichkeiten. Man benennt die HTML Seiten, welche die Aufbauorganisationen darstellen immer gleich und überschreibt die alten Seiten bei Aktualisierungen, oder man aktualisiert neben den Aufbauorganisationen auch die zugehörige Default Seite.

- **Kostenstellenpläne:**

  Für die Kostenstellenpläne gilt im Prinzip dasselbe wie für die Aufbauorganisationen, sie bestehen nur aus einem Bild. Daher kann für die Kostenstellenpläne das gleiche Template verwendet werden wie für die Aufbauorganisationen.

- **Leit- und Richlinien:**

  Die Standardschriftart soll Arial 10pt sein. Überschrift 1 ist Arial 14pt Fett, Kursiv. Überschrift 2 ist Arial 10pt Fett. Hyperlinks sind blau, unterstrichen und ansonsten wie die Standardschriftart. Bilder sollen als GIFs abgespeichert werden. Zeichnungen die beschriftet oder mit Erläuterungen versehen sind, sollen diese Beschriftungen später im Bild beinhalten.

- **Konventionen:**

  Konventionen sind ähnlich aufgebaut wie Leit- und Richtlinien, so dass sich auch hier ein Template wiederverwenden lässt.

- **Mailablage**
  Leider kann der PWP keine Outlookformate direkt übersetzen. Daher ist der Webmaster gezwungen, die E-Mails erst im Rich Text Format abzuspeichern und diese dann zu übersetzen. Hierfür kann dasselbe Template verwendet werden wie schon für die Leit- und Richtlinien.

Zum Schluss müssen die übersetzten Dokumente noch im Web veröffentlicht werden. Hier bildet der PWP Server eine Schnittstelle zwischen dem PWP Station und dem Internet Information Server. Man wählt "auf Server veröffentlichen" und gibt den Pfad des Ordners im Web an, in welchem die Dokumente später zu finden sein sollen. Großer Nachteil hierbei: Der PWP lässt hier nur absolute Pfadangaben zu.

4.3 Umsetzung / Realisierung

Bevor der produktive Intranet Server angetastet wird, wird das neue Tool auf einem Testsystem ausprobiert, um herauszufinden, ob dieses Tool eventuell Probleme bereitet. Zu diesem Zwecke steht bei Prodacta ein extra Server bereit, auf welchem auch die Tests und Entwicklungen für die hausinternen Datenbanksysteme getätigt werden.

Das Erstellen der benötigten Templates gestaltet sich relativ einfach. Ähnlich einer Formatvorlage für Word o.ä. gibt man die Schriftgröße und Schriftart an, weist Farben zu und bestimmt das Layout möglicher Tabellen.
Die insgesamt vier benötigten Templates sind innerhalb eines Tages erstellt und getestet.
Der Webmaster erhält eine einstündige Einführung, wie er Templates erstellen kann und wie die übersetzten Dokumente letztlich auf den Webserver gelangen.

4.4   Ergebnis und kritische Anmerkungen

Der Panagon Web Publisher bringt dem Webmaster zwar Erleichterungen in punkto Übersetzung und Veröffentlichung, schafft aber dafür neue Probleme in Form von Aufwand für Templates erstellen und notwendige Dokumente laden. Hinzu kommt, dass der PWP bei Dokumenten komplizierterer Art regelrecht versagt, d.h. die Übersetzungsfunktion schlägt fehl und das Dokument muss letztlich wieder von Hand übersetzt werden. Abhilfe schafft hier das diesen Sommer neu auf den Markt gekommenen Microsoft Office 2000 mit seinen neuen, verbesserten HTML Konvertierungsfunktionen. Diese sind in der Lage auch komplizierte Dokumente in HTML zu konvertieren. Grund hierfür dürfte sein, dass Dokumente die mit Office 2000 in HTML konvertiert werden eine Mischung aus HTML und XML Quelltext enthalten.

In erster Linie die gestiegene Funktionalität des Office 2000 im Webbereich hat dafür gesorgt, den PWP doch nicht für das Prodacta Intranet einzusetzen. Es macht letztlich keinen Sinn, den Webmaster zu zwingen sich in ein neues Programm einzuarbeiten, wenn der Nutzen den Aufwand nicht um ein vielfaches übersteigt. Hinzukommt, dass die Benutzung des PWP nicht gerade selbsterklärend ist, so dass für den Webmaster eine ausgiebige Einarbeitungszeit nötig wäre.

Zusammenfassend könnte man sagen, der PWP eignet sich für Firmen und Personen, die keine Zeit haben sich in HTML einzuarbeiten und trotzdem eine Vielzahl Dokumente ins Web stellen müssen. Doch sollten solche Firmen auch über den Einsatz eines leistungsfähigen HTML Editors nachdenken.

5 Fazit

Das beste Webmanagement erreicht man, indem man eine Vielzahl verschiedener Techniken und Programme einsetzt. Eine Datenbank und ein leistungsfähiger HTML Editor und als Techniken serverseitiges Scripting in Zusammenarbeit mit XML und JavaScript erzielen die besten Lösungen. Eine gute Organisation des Webs ist trotzdem unabdingbar.

Vor allem die Bereitstellung immer wiederkehrender Informationen sollte nach Möglichkeit automatisiert werden, da diese den größten Arbeitsaufwand ausmachen.

Die Zauberformel heißt nach wie vor "Trennung von Darstellung und Inhalt". Während bei einem Internetauftritt der Einsatz ganz neuer Technologien immer etwas problematisch ist, sollte in einem Intranet darauf geachtet werden, dass alle Benutzer möglichst den neuesten Webbrowser auf ihrem Rechner installiert haben, den nur so können die neuesten Technologien auch sinnvoll und ohne Einschränkungen eingesetzt werden.

Bei Auftritten im Internet sollte man seine Überlegen bezüglich der Webmanagementlösung eher auf die Serverseite konzentrieren, um Probleme mit älteren Browserversionen zu vermeiden, während man bei einer Webmanagementlösung für ein Intranet die Wahl zwischen clientseitiger und serverseitiger Verwirklichung hat.

Anhang

6 Literaturverzeichnis

[AIFB99]   Fensel, Witt, Angele, Decker, Erdmann, Schnurr, Staab,
                    Studer, On2broker in a Nutshell, 5.2.1999

[InfoWissen99]   Prof. Dr. Rudi Studer, Dr. Dieter Fensel, Skript zur
                    Vorlesung Informations- und Wissensmanagement Sommer
                    1999, Kapitel 4

[IPbPWP]   FileNet, Powered by Panagon
                    http://www.filenet.com/solutionsProducts/panagon/98341000
                    6.asp

[JMag4.99 S.63]   Java Magazin, Ausgabe 4.99, Seite 63f

[MiiM99]   Microsoft, Internet, Intranet und Microsoft
                    http://www.microsoft.com/germany/backoffice/internet/intran
                    et4.htm

[MkiM99]   Microsoft, Kommunikation im Mittelpunkt
                    http://www.microsoft.com/germany/backoffice/internet/linkpa
                    ge200550.htm

[MviD98]   Microsoft; Microsoft Visual InterDev 6.0
                    Programmierhandbuch; Microsoft Press

[MSFrontpage2000]   Microsoft Frontpage 2000, Das Handbuch,
                    Microsoft Press 1999

[PRHS99]   Peter Roßbach, Hendrik Schreiber; Java Server und
                    Servlets; Addison-Wesley

[SKJS99]   Stefan Koch; JavaScript: Einführung, Programmierung,
                  Referenz; dpunk.verlag

[VisualInterDev] Microsoft, Microsoft Visual InterDev 6.0
                  Programmierhandbuch, 1998,
                  Seite ix - x

[WjP99]   William J. Pardi: XML in Action – Dynamische und
                  datengestützte Webseiten mit der neuesten Web-
                  Technologie; Microsoft Press

7   Abbildungsildverzeichnis

8   Tabellenverzeichnis

Profil

Name:	Jens Bertenbreiter	
Anschrift:	Redtenbacherstraße 7 76133 Karlsruhe	
Telefon:	0721 / 66 59 920	
Mobil:	0179 / 20 97 584	
E-Mail:	jens.bertenbreiter@workforu.de	
Geboren am:	25.11.1975	
Geboren in:	Herrenberg	

Projekttätigkei- **ten:**	Seit September 2002	Konzeption einer Strategie zur automati-schen Inventarisierung des Netzwerkes und automatischer Softwareverteilung auf Basis der Altiris Produktsuite, für verschiedene kleinere Betriebe von zent-raler Stelle aus.
	Seit 12. August 2002	Entwicklung eines Webportals auf Basis von .NET und verschiedener Microsoft Server Produkte.
	Seit 15. Juli 2002	Planung von individuellen EDV Schu-lungsmaßnahmen für die Belegschaft im Zuge der Umstellung der EDV Struktur eines kleineren Betriebes in Karlsruhe.
	1. Juni bis 31. Juli 2002	Planung und Aufbau einer Weboberflä-che zum Auswerten und Zusammenfas-sen von Daten aus Systems Manage-ment Server und Personalsystem sowie weiterer Datenbanken. Entwicklung eines Systems zum webbasierten Spei-chern von Installationsanleitungen auf Basis des IIS und Active Server Pages.
	13. Mai bis 20. Juni 2002	Erstellung eines Handbuches für die Schlund & Partner Webhosting Services.
	10. April bis 30. Mai 2002	Planung und Umsetzung des Webauf-tritts der CC-IT GmbH Karlsruhe.
	März 2002	Erstellung eines Handbuches für die neuen .NET Services von 1&1.
	Seit 1. Februar 2002	Freiberuflicher Consultant für eLearning, Human Capital Management und eBusi-ness.
	1. März bis 31. August 2001	Aufbau einer virtuellen Akademie auf Basis des NETg Skill Vantage Managers und der Microsoft Active Server Pages.

Dezember 2000 bis Februar 2001	Aufbau eines Online Seminarkalenders zum direkten Onlinebuchen von Seminaren für die Prodacta Akademie auf Basis des MS SQL Server 7 und Active Server Pages.
November 2000 bis Februar 2001	Aufbau einer Personaldatenbank für das Straßenbauamt Karlsruhe. Die Datenbank war für das Intranet vorgesehen und wurde auf Basis von Active Server Pages und MS Access erstellt.
Oktober bis Dezember 2000	Technische Konzeption des neuen Internetauftrittes der Prodacta AG mit dem Ziel möglichst geringen Pflegeaufwands auf Basis von Active Server Pages und XML, sowie DHTML Elementen.
Juli bis November1999	Konzeption und teilweise Umsetzung einer Webmanagement Strategie zur Verringerung des Pflegeaufwandes des Prodacta Intranet.
Januar bis April 1999	Neustrukturierung des Rechtesystems und der Datenablagestruktur innerhalb der Domäne der Prodacta Systemhaus GmbH. Mit webbasiertem Zugriff auf die verschiedenen User und Rechtegruppen in Abhängigkeit von den Rechten des Benutzers.
Februar bis März 1999	Technische Umsetzung des Relaunch des Prodacta Internetauftrittes mit Einbindung von DHTML Elementen.
September bis November 1998	Konzeption und Umsetzung eines Workflows zur Vorbereitung der Arbeitsumgebung neuer Mitarbeiter auf Basis von MS Outlook Formularen und VB Script.
2. Juni bis 11. September 1998	Planung und Aufbau eines einheitlichen Intranet bei Prodacta Systemhaus GmbH, mit dem Ziel verstreute Daten zentral zusammenzufassen.
Oktober 1997 bis Mai 1998	Unterstützung der Bereiche Produktmanagement, Marketing und Vertrieb der Magirus Datentechnik GmbH & Co. KG. Schwerpunkt war die Berechnung der optimalen Lizenzierung von IBM Software Kunden.
21. Juli bis 17. Oktober 1997	Aufbau einer Preisliste für IBM Software und Mithilfe bei der Planung und Durchführung verschiedener Marketingaktivitäten bei der Magirus Datentechnik GmbH & Co. KG, vor allem die Durchführung bundesweiter Roadshows.
Ständig:	Immer wieder tätig als Trainer in den Bereichen Internet, neue Medien und Marketing. Beispielsweise bei Daimler Chrysler Rastatt.

Kenntnisse und Fähigkeiten:	Human Capital Management	Kenntnisse bei Aus- und Weiterbildungsstrategien und Personalentwicklung. Know How im Bereich eLearning
	Consulting	Erfahrungen bei Kundenberatung und –betreuung in Form von Consultingleistungen und Projektarbeit. Vertriebsunterstützung in Sachen Presales und Kundenberatung, -service.
	Training und Schulung	Erfahrung bei Planung und Aufbau von Schulungen. Durchführung von diversen Trainings und Schulungen. Teilnahme an Trainerqualifizierungsmaßnahmen (Train the Trainer).
	ebusiness	Erfahrungen in Planung und Umsetzung von umfangreichen, bereichsübergreifenden ebusiness Anwendungen und Intranetapplikationen.
	Marketing	Kenntnisse im Bereich Kundenbindung, 1:1 Marketing und Customer Relationship Management Direktmailings planen und durchführen Planung, Organisation und Durchführung von Roadshows und Workshops Kenntnisse im Bereich Online Marketing
	Projektmanagement	selbständiges Planen und durchführen von Projekten Leitung und Organisation von kleineren Projektteams
	Workflow	Planung, Entwurf und Umsetzung von Workflows, basierend auf MS Outlook oder Internettechnologien
	Programmierung	Kenntnisse in ASP.NET und C#. Darüber hinaus umfangreiche Erfahrungen von Active Server Pages, JavaScript, VBScript, HTML, XML, Visual Basic, VBA, DHTML und SQL
	Datenbanken	Umfangreiche Kenntnisse und Erfahrungen in der Administration und Programmierung des MS SQL Server. (Microsoft Certified Professional) Gute MS Access Kenntnisse.
	Betriebssysteme	Gute Kenntnisse in Windows 9x, NT, 2000 und XP sowie Grundkenntnisse in Linux. Erste Kenntnisse des Microsoft .NET Servers.
	Office	Sehr guter und selbstverständlicher Umgang mit allen Office Anwendungen
	Serverprodukte	Internet Information Server MS SQL Server MS Commerce Server Exchange Server BizTalk Server SharePoint Portal Server

Fremdsprachen:	Englisch	sicher in Wort und Schrift 9 Jahre Schulenglisch Dreimalige Teilnahme am Schüleraus- tauschprogramm mit Morecambe
	Französisch	Grundkenntnisse vorhanden 4 Jahre Schulfranzösisch
Ausbildung:	August 2002	Microsoft Certified Professional: Installa- tion, Konfiguration und Administration von Microsoft SQL Server 2000.
	Dezember 2001	Beendigung des Studiums Wirtschafts- ingenieurwesen an der Universität Karls- ruhe, Abschluss: Diplom- Wirtschaftsingenieur
	März bis November 2001	Diplomarbeit mit Thema „Aufbau einer virtuellen Akademie"
	Seit November 1998	Vordiplom, Beginn des Hauptstudiums
	Oktober 1996	Beginn des Studiums Wirtschaftsingeni- eurwesen an der Universität Karlsruhe
	Juli 1995 bis August 1996	Zivildienst beim Arbeiter-Samariter-Bund in Tübingen
	September 1986 bis Juli 1995	Schickhardt-Gymnasium Herrenberg, Abschluss: Abitur Leistungskurse: Mathematik, Physik
	September 1982 bis Juli 1986	Grundschule in Bondorf
Führerschein:		Klasse 3
Hobbies:		Tennis, Inlineskaten

Jens Bertenbreiter

Diplom.de

Wissensquellen gewinnbringend nutzen

Qualität, Praxisrelevanz und Aktualität zeichnen unsere Studien aus. Wir bieten Ihnen im Auftrag unserer Autorinnen und Autoren Wirtschaftsstudien und wissenschaftliche Abschlussarbeiten – Dissertationen, Diplomarbeiten, Magisterarbeiten, Staatsexamensarbeiten und Studienarbeiten zum Kauf. Sie wurden an deutschen Universitäten, Fachhochschulen, Akademien oder vergleichbaren Institutionen der Europäischen Union geschrieben. Der Notendurchschnitt liegt bei 1,5.

Wettbewerbsvorteile verschaffen – Vergleichen Sie den Preis unserer Studien mit den Honoraren externer Berater. Um dieses Wissen selbst zusammenzutragen, müssten Sie viel Zeit und Geld aufbringen.

http://www.diplom.de bietet Ihnen unser vollständiges Lieferprogramm mit mehreren tausend Studien im Internet. Neben dem Online-Katalog und der Online-Suchmaschine für Ihre Recherche steht Ihnen auch eine Online-Bestellfunktion zur Verfügung. Inhaltliche Zusammenfassungen und Inhaltsverzeichnisse zu jeder Studie sind im Internet einsehbar.

Individueller Service – Gerne senden wir Ihnen auch unseren Papierkatalog zu. Bitte fordern Sie Ihr individuelles Exemplar bei uns an. Für Fragen, Anregungen und individuelle Anfragen stehen wir Ihnen gerne zur Verfügung. Wir freuen uns auf eine gute Zusammenarbeit.

Ihr Team der Diplomarbeiten Agentur

Diplomica GmbH
Hermannstal 119k
22119 Hamburg

Fon: 040 / 655 99 20
Fax: 040 / 655 99 222

agentur@diplom.de
www.diplom.de

www.ingramcontent.com/pod-product-compliance
Lightning Source LLC
LaVergne TN
LVHW042256060326
832902LV00009B/1079